Malala Yousafzai

Guerrera con palabras

por Karen Leggett Abouraya

ilustrado por Susan L. Roth

traducido por Eida de la Vega

Lee & Low Books Inc. • New York

Agradecimientos

Nuestra más sincera gratitud a los estudiosos que revisaron versiones anteriores de este manuscrito, entre ellos Aamina Shaikh y Sanaa Anwar de The Bridge Initiative, al Centro para el Entendimiento Musulmán-Cristiano Prince Alwaleed Bin Talala, a la Universidad de Georgetown, y a Akbar Ahmed, quien dirige la Cátedra Ibn Khaldun de Estudios Islámicos de la Escuela de Servicio Internacional de la Universidad Americana y quien fue Alto Comisionado Pakistaní en el Reino Unido e Irlanda.　　　　　—K.L.A. y S.L.R.

Redesign by David and Susan Neuhaus/NeuStudio
Production by The Kids at Our House
The text is set in Martin Gothic
The illustrations are rendered in paper and fabric collage
Manufactured in China by Jade Productions
Printed on paper from responsible sources
PBK 10 9 8 7 6 5 4 3 2 1
First Lee & Low Books Edition 2019
Library of Congress Cataloging-in-Publication Data
Names: Abouraya, Karen Leggett, author. | Roth, Susan L., illustrator.
Title: Malala Yousafzai : guerrera con palabras / por Karen Leggett Abouraya ; ilustrado por Susan L. Roth ; traducido por Eida de la Vega.
Other titles: Malala Yousafzai. Spanish
Description: New York : Lee & Low Books Inc., 2019. | "Originally published as an e-book by StarWalk Kids Media." | Includes bibliographical references.
Identifiers: LCCN 2018016317 | ISBN 9781620148006 (pbk. : alk. paper)
Subjects: LCSH: Yousafzai, Malala, 1997—Juvenile literature. | Young women—Education—Pakistan—Biography—Juvenile literature. | Children's rights—Pakistan—Juvenile literature.
Classification: LCC LC2330 .A2618 2018 | DDC 371.822095491—dc23
LC record available at https://lccn.loc.gov/2018016317

A mi madre, Jean Leggett, por su inquebrantable dedicación
a la educación, para ella misma, sus hijos y sus alumnos
—*K.L.A.*

Para J.B. y N.P.
—*S.L.R.*

Malala Yousafzai es una guerrera con palabras.

Malala era un milagro vestida de rosado cuando cumplió dieciséis años. Para celebrarlo, no se quedó a dormir con sus amigas. Lo celebró defendiendo una causa.

Malala se estaba recobrando de una herida muy grave. Fue un milagro que pudiera ponerse de pie. Pero lo hizo y se dirigió al mundo entero para probar que las palabras tienen poder.

En julio de 2013, Malala habló frente a cientos de jóvenes y líderes mundiales en la sede de las Naciones Unidas, en Nueva York.

"Vamos a traer el cambio con nuestra voz", dijo. Pidió que cada país garantizara que todos los niños pudieran ir a la escuela y vivir en paz.

Cada país.

Todos los niños.

En paz.

"Nuestras palabras pueden cambiar el mundo", dijo Malala.

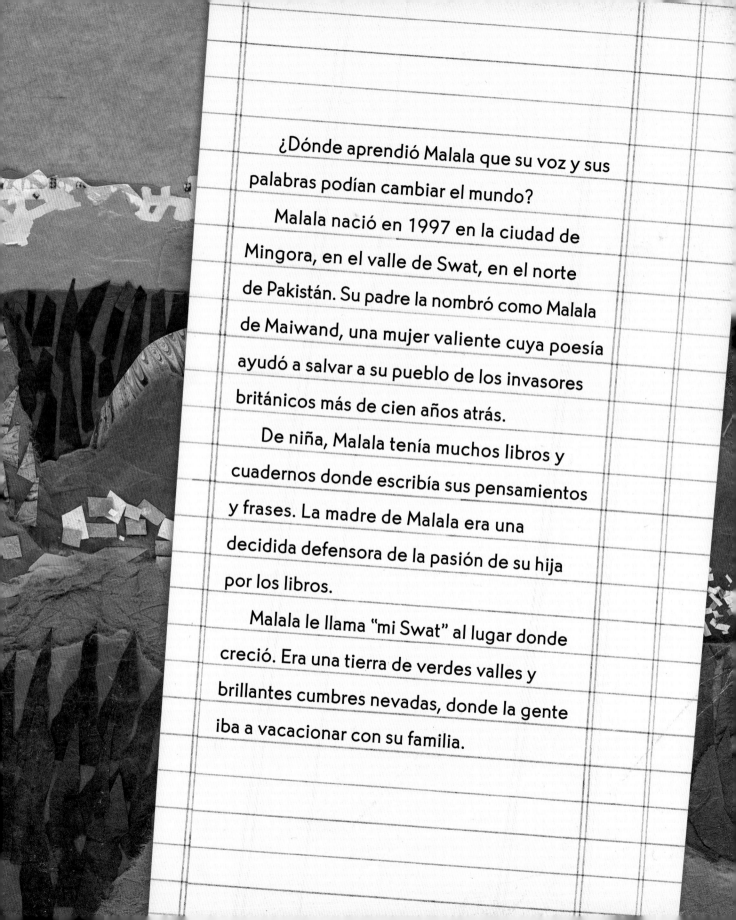

¿Dónde aprendió Malala que su voz y sus palabras podían cambiar el mundo?

Malala nació en 1997 en la ciudad de Mingora, en el valle de Swat, en el norte de Pakistán. Su padre la nombró como Malala de Maiwand, una mujer valiente cuya poesía ayudó a salvar a su pueblo de los invasores británicos más de cien años atrás.

De niña, Malala tenía muchos libros y cuadernos donde escribía sus pensamientos y frases. La madre de Malala era una decidida defensora de la pasión de su hija por los libros.

Malala le llama "mi Swat" al lugar donde creció. Era una tierra de verdes valles y brillantes cumbres nevadas, donde la gente iba a vacacionar con su familia.

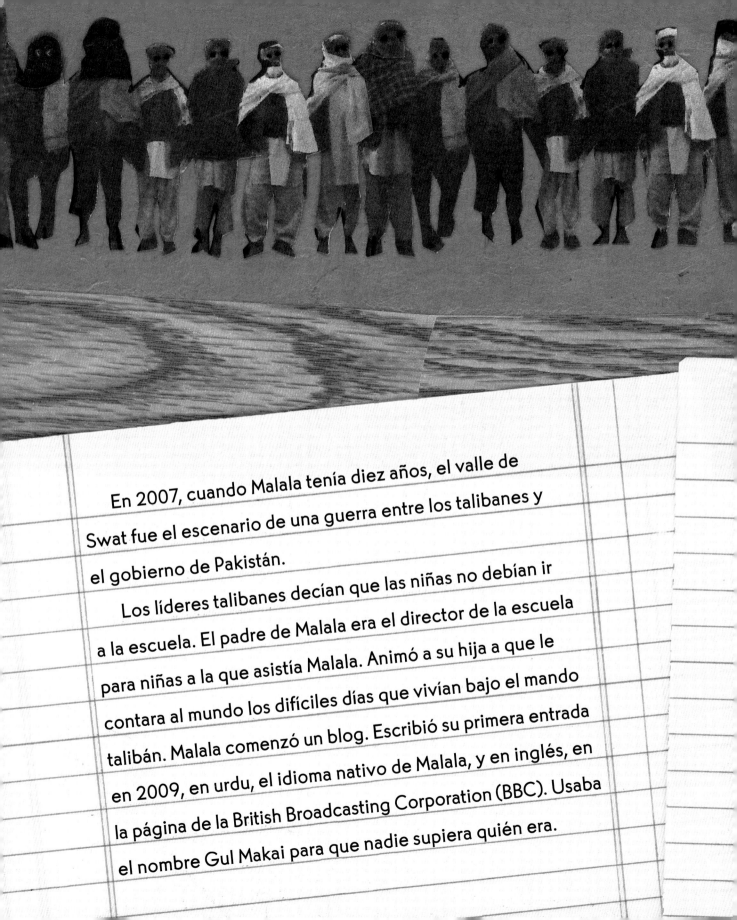

En 2007, cuando Malala tenía diez años, el valle de Swat fue el escenario de una guerra entre los talibanes y el gobierno de Pakistán.

Los líderes talibanes decían que las niñas no debían ir a la escuela. El padre de Malala era el director de la escuela para niñas a la que asistía Malala. Animó a su hija a que le contara al mundo los difíciles días que vivían bajo el mando talibán. Malala comenzó un blog. Escribió su primera entrada en 2009, en urdu, el idioma nativo de Malala, y en inglés, en la página de la British Broadcasting Corporation (BBC). Usaba el nombre Gul Makai para que nadie supiera quién era.

"Me estaba vistiendo para ir a la escuela", escribió Malala en su blog, "pero me acordé de que la directora nos había dicho que no usáramos el uniforme sino nuestra ropa habitual".

Así que Malala se vistió de rosado, su color preferido, y otras niñas también se vistieron con colores brillantes. Pero, cuando llegaron a la escuela, "nos dijeron que no usáramos ropa de colores porque el Talibán no estaría de acuerdo", escribió Malala.

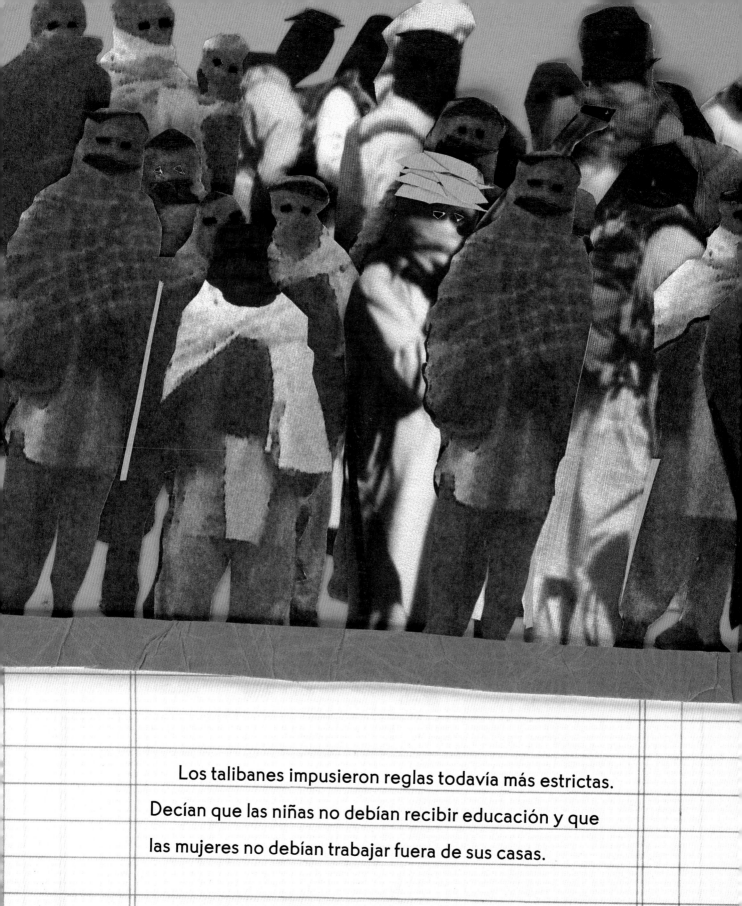

Los talibanes impusieron reglas todavía más estrictas. Decían que las niñas no debían recibir educación y que las mujeres no debían trabajar fuera de sus casas.

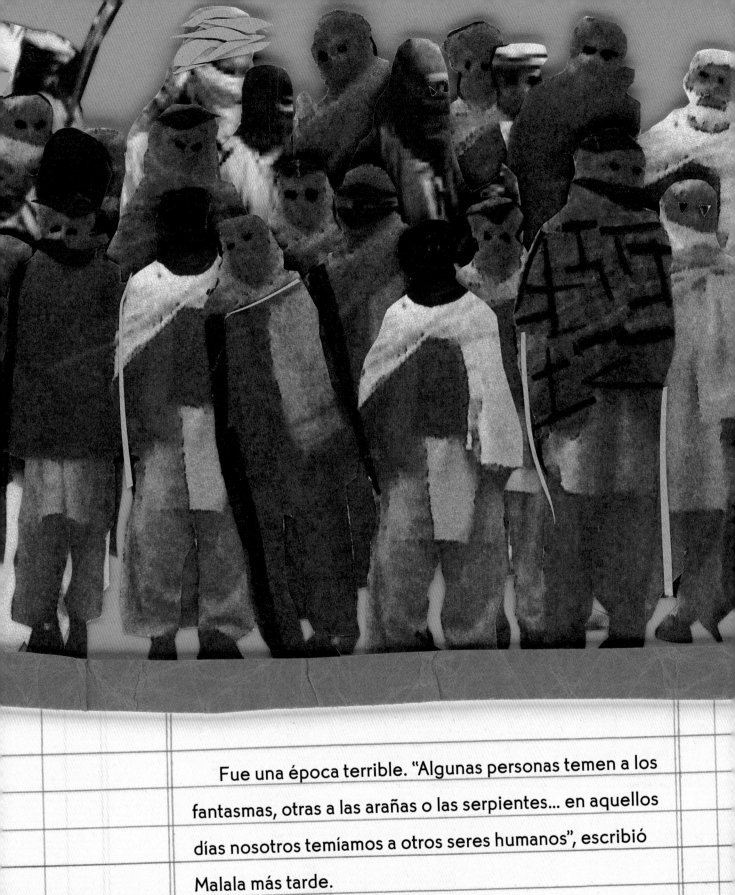

Fue una época terrible. "Algunas personas temen a los fantasmas, otras a las arañas o las serpientes... en aquellos días nosotros temíamos a otros seres humanos", escribió Malala más tarde.

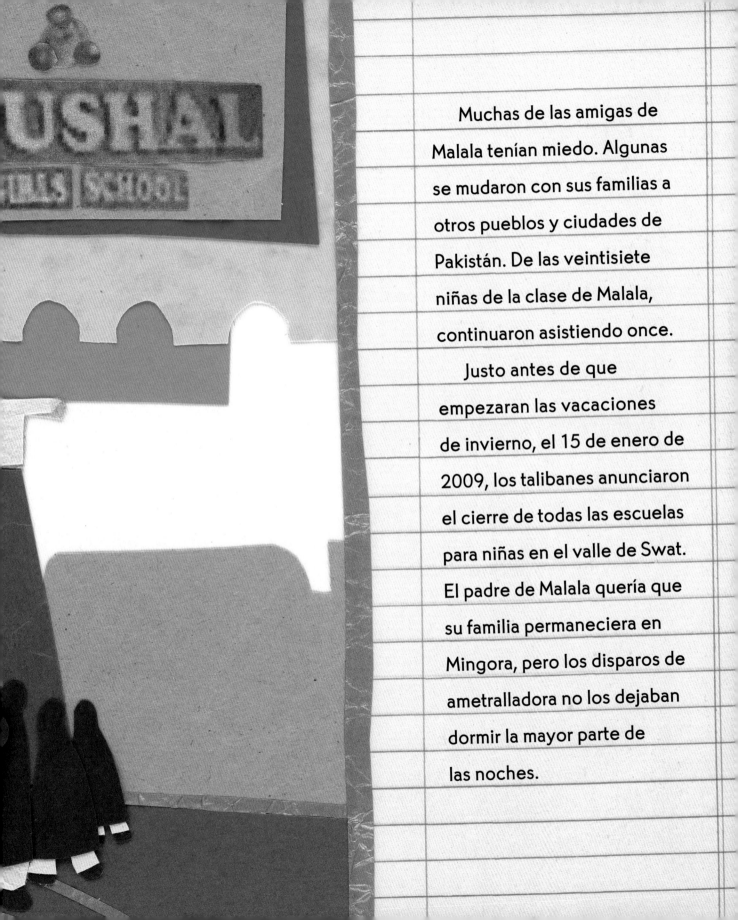

Muchas de las amigas de Malala tenían miedo. Algunas se mudaron con sus familias a otros pueblos y ciudades de Pakistán. De las veintisiete niñas de la clase de Malala, continuaron asistiendo once.

Justo antes de que empezaran las vacaciones de invierno, el 15 de enero de 2009, los talibanes anunciaron el cierre de todas las escuelas para niñas en el valle de Swat. El padre de Malala quería que su familia permaneciera en Mingora, pero los disparos de ametralladora no los dejaban dormir la mayor parte de las noches.

Esa primavera, cuando el ejército de Pakistán empezó a luchar contra los talibanes, Malala y su familia abandonaron el valle de Swat.

Malala guardó en su mochila escolar unos cuantos libros, papeles y alguna ropa. "Abandonar el valle fue lo más duro que había hecho en mi vida", escribió después. "Me encontraba en la azotea, mirando las montañas, las callejuelas donde jugábamos... Intenté memorizar cada detalle por si no volvía a ver mi hogar".

Malala, su madre y sus hermanos se mudaron a Shangla. El padre de Malala había crecido en Shangla y todavía tenía parientes y amigos allí. El viaje solía durar unas pocas horas en auto. A ellos les tomó dos días. Un oficial del ejército casi los detiene. Tuvieron que hacer las últimas quince millas caminando, cargados con sus pertenencias.

Los enfrentamientos terminaron en el verano y Malala y su familia regresaron a Mingora. La destrucción los hizo llorar. La casa era un caos. ¡Pero no habían tocado los libros y los cuadernos del cuarto de Malala!

La escuela del padre de Malala volvió a abrir, pero muchas otras habían sido destruidas.

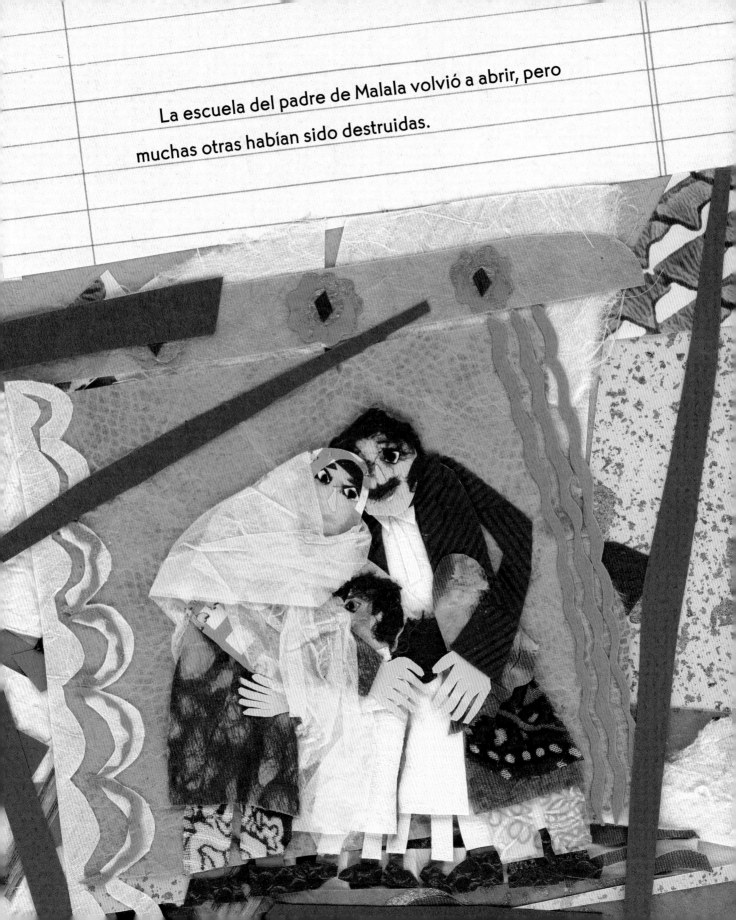

Malala estaba triste y enojada. Empezó a hablar con todo el que quería escucharla y comenzó a escribir bajo su propio nombre. Malala quería probar que las palabras de paz son más poderosas que la violencia. Por su valentía, en 2011 ganó el Premio Nacional Juvenil por la Paz de Pakistán.

Durante una entrevista en la televisión pakistaní a raíz del premio, le preguntaron si tenía miedo. Malala respondió que, si se encontraba cara a cara con los talibanes, "les diría que lo que están tratando de hacer no está bien; que la educación es nuestro derecho básico".

El 9 de octubre de 2012, cuando Malala regresaba de la escuela en autobús, un talibán subió al vehículo. Les disparó a ella y a dos de sus amigas. Estas pudieron recuperarse en Pakistán, pero las heridas de Malala eran más serias. Le habían disparado en la cabeza. Primero la trataron en dos hospitales en Pakistán. Luego la llevaron a un hospital en Birmingham, Inglaterra, que se especializaba en tratar a soldados heridos.

La familia y los amigos de Malala temían que muriera.

Milagrosamente, Malala se recuperó sin daños cerebrales. Cuando en el 2013 habló en las Naciones Unidas, solo habían trascurrido nueve meses del tiroteo.

"Nada ha cambiado en mi vida, excepto esto: la debilidad, el temor y la desesperanza murieron", declaró Malala. "Nació la fuerza, el poder, el coraje. Yo soy la misma Malala; mis ambiciones son las mismas, mis esperanzas son las mismas. Y mis sueños son los mismos".

Después de recuperarse, Malala empezó a asistir a la escuela en Inglaterra, donde vivía con su familia. Y continuó compartiendo sus esperanzas y sus palabras. Mucha gente alrededor del mundo la apoyó con manifestaciones, vigilias y marchas, a menudo entonando "Yo soy Malala".

En octubre de 2013, Malala y su padre crearon el Fondo Malala para darles a las niñas la posibilidad de una educación y una vida mejor. En su sitio de Internet, dice: "Si una niña con educación puede cambiar el mundo, imagina lo que pudieran hacer 130 millones de niñas".

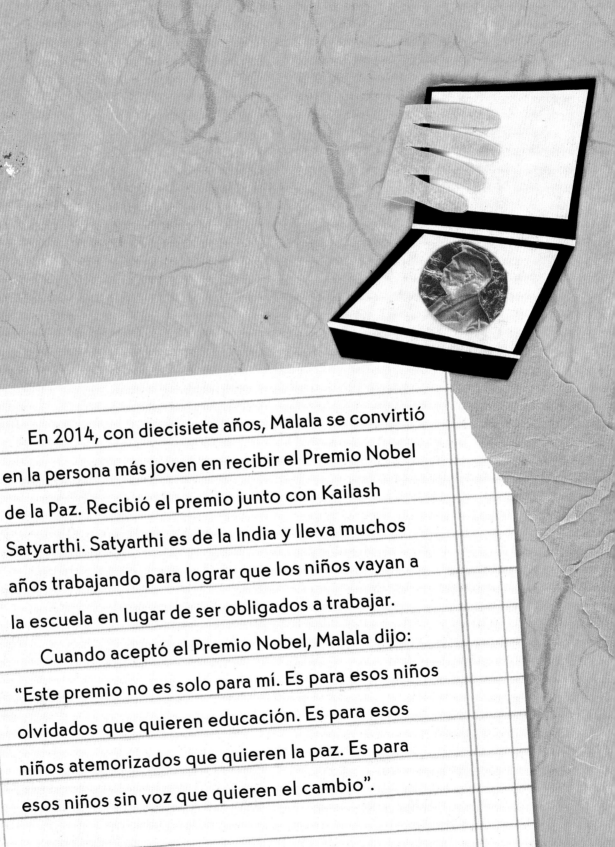

En 2014, con diecisiete años, Malala se convirtió en la persona más joven en recibir el Premio Nobel de la Paz. Recibió el premio junto con Kailash Satyarthi. Satyarthi es de la India y lleva muchos años trabajando para lograr que los niños vayan a la escuela en lugar de ser obligados a trabajar.

Cuando aceptó el Premio Nobel, Malala dijo: "Este premio no es solo para mí. Es para esos niños olvidados que quieren educación. Es para esos niños atemorizados que quieren la paz. Es para esos niños sin voz que quieren el cambio".

Antes de que Malala empezara sus estudios en 2017 en la Universidad de Oxford, en Inglaterra, recorrió el mundo con la gira Girl Power Trip. Se reunió con niñas de todas partes a las que les habían negado la educación. También habló con jefes de estado y les pidió que tomaran medidas para solucionar el problema.

A su regreso, Malala continuó liderando la lucha para que los niños de todos los países pudieran ir a la escuela en paz. Su meta es que cada niña y cada niño hable y defienda los intereses de los millones de niños en el mundo que todavía no pueden ir a la escuela.

Puede que el rosado ya no sea su color preferido, pero Malala Yousafzai todavía es una guerrera con palabras. Como dijo en las Naciones Unidas en 2013: "Tomaremos nuestros libros y lápices... Un niño, un maestro, un libro y un lápiz pueden cambiar el mundo".

PAKISTÁN

Los territorios que hoy ocupan Afganistán, Pakistán y la India eran parte de Imperio Británico. En 1947, el parlamento británico votó a favor de acabar el control británico sobre la India. Muhammad Ali Jinnah, un político y abogado, unió a los musulmanes de la India y trabajó es pos de fundar un país independiente para su gente. Ese mismo año se crearon la República Islámica de Pakistán, que es de mayoría musulmana, y la República de la India, donde predomina la religión hindú.

Al principio, Pakistán estaba compuesto por Pakistán Occidental y Pakistán Oriental. La India, que se encontraba entre ambas regiones, las dividía. Desacuerdos con relación a las fronteras dieron origen a varias guerras entre la India y Pakistán. En 1971, tras una guerra devastadora, Pakistán Oriental se convirtió en la nación independiente de Bangladesh. Pakistán Occidental se conoce desde entonces como Pakistán.

Malala Yousafzai y su familia son pastunes. Los pastunes son pueblos mayoritariamente musulmanes, compuestos por cerca de sesenta tribus diferentes que viven en Pakistán y Afganistán.

LOS TALIBANES

En árabe y pastún, que es el idioma hablado por los pastunes, *Talib* quiere decir "estudiante". Los talibanes son pastunes que provienen de escuelas religiosas que enseñan una forma muy estricta y conservadora del islam. Junto con otros grupos, los talibanes lucharon para poner fin al control de Afganistán por la antigua Unión Soviética (ahora Rusia). El conflicto duró desde 1979 hasta 1996, cuando los talibanes tomaron el poder en Afganistán. También quisieron controlar las zonas de Pakistán donde vivían musulmanes pastunes, especialmente las áreas del norte como el valle de Swat.

En julio de 2009, el ejército pakistaní anunció que había derrotado a los talibanes en Swat. La gente regresó a Mingora y al valle de Swat. Para el 2016, los turistas también habían regresado para pasar sus vacaciones allí y esquiar, pero aún hay soldados pakistaníes apostados en puntos de control que regulan la entrada y salida a la región. Ha habido también cierto progreso con relación al estatus de las niñas y mujeres. Swat tiene su primera mujer abogada y hay una *jirga* o asamblea tradicional de líderes para la toma decisiones que está compuesta solo por mujeres y se dedica a garantizar que la justicia también proteja a las niñas y mujeres.

A pesar de estos avances, los talibanes permanecen en el valle de Swat y en otras áreas de Pakistán y Afganistán.

EL FONDO MALALA

El Fondo Malala fue creado por Malala y su padre, Ziauddin Yousafzai, en 2013. Desde entonces, muchas personas en el mundo de todas las edades y entornos lo han apoyado.

El fondo trabaja "por un mundo donde cada niña pueda recibir educación y desarrollar el liderazgo sin temor". La joven pakistaní Shiza Shahid fue su primera directora. Shiza se graduó de la Universidad de Stanford, en Estados Unidos, y anteriormente había organizado un campamento de verano para Malala y otras niñas del valle de Swat. Shiza ha dicho: "Enseñar a alguien que sabes que no puede ir a la escuela, ayudar a alguien que sufre o dedicar tu carrera a aquello en lo que crees tiene un impacto positivo en el futuro. Todos tenemos la capacidad de cambiar las cosas".

El sitio de Internet del Fondo Malala dice que, en 2017, había 130 millones de niñas que no asistían a la escuela. Una de las maneras en que el fondo trata de remediar esta situación es por medio de la Red Gulmakai. El nombre proviene de Gul Makai, el nombre con que Malala escribía su blog en la BBC en 2009. La red apoya y da becas "campeones Gulmakai" a los líderes que trabajan para lograr que las niñas de los países subdesarrollados vayan a la escuela secundaria. Gulalai Ismail fue una de las primeras campeonas Gulmakai. Cuando tenía dieciséis años, creó Aware Girls junto con su hermana. Gulalai usó el dinero de la beca para desarrollar el liderazgo de las niñas, estudiar las barreras que frenan la educación de las niñas y abogar por que todas las niñas de Pakistán tengan acceso a doce años de escuela.

El Fondo Malala también contribuye a la educación de las niñas mediante la construcción de escuelas. En 2018 abrió una nueva escuela para niñas en el distrito de Shangla, en Pakistán. El edificio, los libros, los uniformes de las estudiantes y los salarios de los maestros fueron pagados con dinero del Premio Nobel de la Paz concedido a Malala.

También en 2018, la compañía de computadoras Apple Inc. se convirtió en el primer socio corporativo del Fondo Malala. Con el apoyo de Apple, el fondo duplicará el número de becas que se otorgan a través de la Red Gulmakai. Esta colaboración también ayudará al Fondo Malala a expandir su trabajo en la India y América Latina, suministrando financiamiento suficiente para que 100.000 niñas puedan asistir a la escuela secundaria.

Malala Yousafzai

ENTRAR EN ACCIÓN

¿Recuerdas lo que sentiste la primera vez que te dieron una mochila para la escuela o que subiste a un autobús escolar? Hay muchos niños en el mundo que nunca han tenido la oportunidad de sentirlo.

Alrededor de 263 millones de niños y adolescentes en el mundo no asisten a la escuela, según la Organización de las Naciones Unidas para la Educación, la Ciencia y la Cultura (UNESCO). Malala y el Fondo Malala se dedican a ayudar a esos niños. Muchas otras organizaciones, como las que se enumeran a continuación, también trabajan para que los niños y niñas puedan ir a la escuela. Muchas ofrecen oportunidades de voluntariado. ¡Algunas fueron incluso creadas por jóvenes!

La **Iniciativa de Asistencia de Swat (Swat Relief Initiative-SRI)** trabaja en el valle de Swat, en Pakistán, para mejorar la vida de las mujeres y niños proveyéndoles acceso a la salud, el medio ambiente, la educación y el desarrollo económico. La dirige Zebu Jilani, nieta del último gobernante de Swat antes de que se convirtiera en una provincia de Pakistán. El objetivo de la SRI para el año 2020 es proveer educación a 20.000 niños que no asisten a la escuela.

Ghazala Khan y Saima Sherin asisten a la escuela intermedia en el valle de Swat, en Pakistán. Viven en el pueblo de Islampur, a unas millas de Mingora, la ciudad natal de Malala. Ghazala y Saima estudian en una escuela para niñas administrada por la SRI que les ofrece uniformes, libros y transporte gratis para que puedan continuar asistiendo a la escuela. Ghazala ha dicho: "Tengo la esperanza de que esta escuela cambie mi futuro y el de mis compañeras. Y luego nosotras cambiaremos el futuro de nuestra aldea".

El **Proyecto de Activismo de la Juventud (Youth Activism Project)**, fundado en 1992, apoya acciones comunitarias lideradas por jóvenes. Anika Manzoor, quien también colaboró con School Girls Unite (ver la sección siguiente), es la directora ejecutiva de esta organización. Anika dice que ha encontrado inspiración en "la elocuencia, valentía y compromiso con la educación, aun frente a las adversidades", demostrados por Malala. El Proyecto de Activismo de la Juventud promueve el liderazgo y motiva a los colectivos dirigidos por jóvenes de cualquier edad en Estados Unidos y en el extranjero a trabajar juntos, local y globalmente, para encontrar soluciones a sus problemas.

School Girls Unite (SGU) es una iniciativa del Proyecto de Activismo de la Juventud. Fue creada en 2004 por niñas de escuela intermedia en Maryland que conversaron con jóvenes de Mali, en África, sobre el trato injusto que recibían las niñas en muchos países pobres. SGU recauda dinero para otorgar becas a las niñas en Mali para que puedan asistir a la escuela. Para motivar a otras niñas a colaborar, SGU ha creado dos guías: *Girls Gone Activist!* y *The Activist Gameplan*. Los miembros de SGU también participaron en la campaña internacional para exhortar a las Naciones Unidas a establecer un Día Internacional de la Niña, que ahora se celebra cada año el 11 de octubre.

Theirworld es una organización que trabaja para crear "un futuro luminoso para cada niño" del mundo. Sus miembros están comprometidos con salvar las vidas de los bebés y garantizar la salud de estos en los países subdesarrollados. También les ofrecen oportunidades educativas a niños refugiados.

Girl Up es una campaña de la Fundación de las Naciones Unidas que empezó en 2010 como un movimiento para ofrecerles a las niñas de Estados Unidos la oportunidad de convertirse en líderes mundiales. Desde entonces, su alcance se ha ampliado al marco internacional. Girl Up financia programas que promueven la educación, la salud, la seguridad y el liderazgo de las niñas en los países en desarrollo.

FUENTES DE LAS CITAS

contraportada: "La educación... derecho básico".
Malala Yousafzai, citada en Basharat Peer, "The Girl
Who Wanted to Go to School". *The New Yorker*,
10 de octubre de 2012. https://www.newyorker.
com/news/news-desk/the-girl-who-wanted-to-go-
to-school.

página 6: "Vamos a... nuestra voz". Malala Yousafzai,
discurso pronunciado en las Naciones Unidas
ante la Asamblea de la Juventud, 12 de julio
de 2013. Diario Registrado. https://www.
diarioregistrado.com/internacionales/el-historico-
discurso-de-malala-yousafzai-ante-la-onu_a54a-
7605242b51e2eea004875.

   "Nuestras palabras... el mundo". Ibíd.

página 12: "Me estaba... ropa habitual". Malala
Yousafzai, entrada en el blog de Malala en la BBC,
lunes, 5 de enero de 2009. http://www.bbc.com/
mundo/noticias/2012/10/121010_paquistani_
malala_yousafzai_blog_rg.

   "nos dijeron... de acuerdo". Ibíd.

página 15: "Algunas personas... seres humanos". Malala
Yousafzai, en *Yo soy Malala: La joven que defendió
el derecho a la educación y fue tiroteada por los
talibanes* (Madrid: Alianza Editorial, 2013), pág. 186.

página 18: "Abandonar el... mi vida". Ibíd, pág. 197.

   "Me encontraba... mi hogar". Malala
Yousafzai, en *Malala, mi historia: La niña que arriesgó
su vida por defender el derecho a la educación*
(Madrid: Alianza Editorial, 2014), pág. 114.

página 22: "les diría... derecho básico". Malala
Yousafzai, citada en Basharat Peer, "The Girl Who
Wanted to Go to School". *The New Yorker*, 10 de
octubre de 2012. https://www.newyorker.com/
news/news-desk/the-girl-who-wanted-to-go-
to-school.

página 27: "Nada ha... los mismos". Malala Yousafzai,
discurso pronunciado en las Naciones Unidas
ante la Asamblea de la Juventud, 12 de julio
de 2013. Diario Registrado. https://www.
diarioregistrado.com/internacionales/el-historico-
discurso-de-malala-yousafzai-ante-la-onu_a54a-
7605242b51e2eea004875.

página 28: "Si una... de niñas". Malala Yousafzai, sitio
de Internet del Fondo Malala, 14 de diciembre
de 2017. https://blog.malala.org/ive-heard-from-
girls-now-i-want-you-to-hear-from-them-too-
61e1c5b7dba3.

página 30: "Este premio... el cambio". Malala Yousafzai,
Discurso de aceptación del Premio Nobel, 10
de diciembre de 2014. Nobelprize.org. https://
www.nobelprize.org/nobel_prizes/peace/
laureates/2014/yousafzai-lecture_en.html.

página 32: "Tomaremos... el mundo". Malala Yousafzai,
discurso pronunciado en las Naciones Unidas
ante la Asamblea de la Juventud, 12 de julio
de 2013. Diario Registrado. https://www.
diarioregistrado.com/internacionales/el-historico-
discurso-de-malala-yousafzai-ante-la-onu_a54a-
7605242b51e2eea004875.

página 36: "por un mundo... sin temor". Sitio de
Internet del Fondo Malala. https://www.malala.
org/about.

   "Enseñar a... las cosas". Shiza Shahid, Voice
of America entrevista con la autora, 2013.

página 38: "Tengo la... nuestra aldea". Chazala Khan,
carta a la autora, 16 de octubre de 2017.

   "la elocuencia... las adversidades". Anika
Manzoor, entrevista con la autora, 2018.

página 39: "un futuro... cada niño". Sitio de Internet de
Theirworld. https://theirworld.org.

FUENTES DE LA AUTORA

Ali, Lehaz. "Fragile Peace at Girls' School Malala Built
in Pakistan". France 24, 30 de marzo de 2018.
http://www.france24.com/en/20180330-fragile-
peace-girls-school-malala-built-pakistan.

Aware Girls: Working Towards Gender Equality and
Peace. http://www.awaregirls.org.

Conelley, Joanne, Gaëlle Dessus, Anna Diarra, et
al., eds. *Girls Gone Activist! Youth Activism
Project*, School Girls Unite, 2009. https://school-
girlsunite.files.wordpress.com/2016/06/ebook-
girlsgoneactivist.pdf.

"El blog de Malala Yousafzai, la joven que se atrevió
a criticar al Talibán". BBC News/Mundo, 10
de octubre de 2012. http://www.bbc.com/
mundo/noticias/2012/10/121010_paquistani_
malala_yousafzai_blog_rg.

"El histórico discurso de Malala Yousafzai ante la
ONU". Diario Registrado, 10 de octubre de 2014.
https://www.diarioregistrado.com/internaciona-
les/el-historico-discurso-de-malala-yousafzai-
ante-la-onu_a54a7605242b51e2eea004875.

Ellick, Adam B. e Irfan Ashraf. "Class Dismissed:
The Death of Female Education". Documental.
The New York Times, 2009. https://www.
youtube.com/watch?v=3ZG5IdnJn4I.

Girl Up. https://girlup.org.

Ismail, Gulalai. Correspondencia por correo electrónico
con la autora, 2018.

Jilani, Zebu. Conversaciones telefónicas y por correo
electrónico con la autora, 2017 y 2018.

Malala Fund. https://www.malala.org.

"Malala—Shot for Going to School". Entrevista con
Malala Yousafzai. BBC Outlook, enero de 2012.
http://www.bbc.co.uk/programmes/p00ys51s.

Malala Yousafzai—Nobel Lecture. Nobelprize.org,
10 de diciembre de 2014. https://www.
nobelprize.org/nobel_prizes/peace/laureates/
2014/yousafzai-lecture_en.html.

"Malala Yousafzai: Portrait of the girl blogger". BBC
News Magazine, 10 de octubre de 2012. http://
www.bbc.com/news/magazine-19899540.

Manzoor, Anika. Entrevista con la autora, 2018.

"Pakistan Country Profile". BBC News, 2 de agosto
de 2017. http://www.bbc.com/news/world-south-
asia-12965779.

Peer, Basharat. "The Girl Who Wanted to Go to
School". *The New Yorker*, 10 de octubre de 2012.
https://www.newyorker.com/news/news-desk/
the-girl-who-wanted-to-go-to-school.

School Girls Unite. https://schoolgirlsunite.org.

Shahid, Shiza. Voice of America entrevista con la
autora, 2013.

Siddiqui, Taha, Jasmin Lavoie, Shahzaib Eahlah y
Aftab Ahmed. "Pakistan's Swat Valley striving
to return to its former glory". France 24, 10 de
febrero de 2017. http://www.france24.com/
en/20170210-video-revisited-pakistan-swat-
valley-taliban-former-glory.

Swat Relief Initiative. http://swatreliefinitiative.org/
index.html.

Theirworld. https://theirworld.org.

"263 Million Children and Youth Are Out of School".
Instituto de Estadísticas de la UNESCO, 15 de julio
de 2016. http://uis.unesco.org/en/news/263-
million-children-and-youth-are-out-school.

Yousafzai, Malala, con Christina Lamb. *Yo soy Malala:
La joven que defendió el derecho a la educación
y fue tiroteada por los talibanes*. Madrid: Alianza
Editorial, 2013.

———, con Patricia McCormick. *Malala, mi historia: La
niña que arriesgó su vida por defender el derecho
a la educación*. Madrid: Alianza Editorial, 2015.

———. "Diary of a Pakistani Schoolgirl". BBC News,
enero—marzo, 2009. http://news.bbc.co.uk/2/hi/
south_asia/7834402.stm.

Youth Activism Project (Proyecto de A... o de la
Juventud). http://youthactivismpr... g.